1

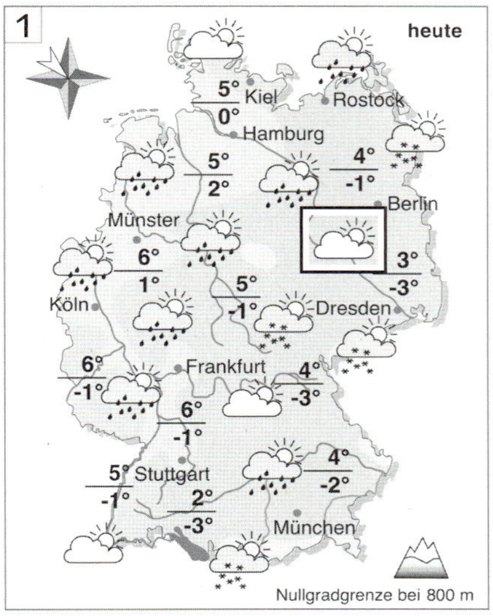

2

3

1

Was ist auf den drei Karten dargestellt?

Karte 1: Wettervorhersage für Deutschland

Karte 2: Sepa-Teilnehmer

Karte 3: Kraftwerke in der Schweiz

2

Wie ist es dargestellt? Was bedeutet

a) in der Karte 1:  bewölkt/teils sonnig

b) in der Karte 2:  Euroraum

c) in der Karte 3:  Kernkraftwerk

Signaturen – die Sprache der Karten

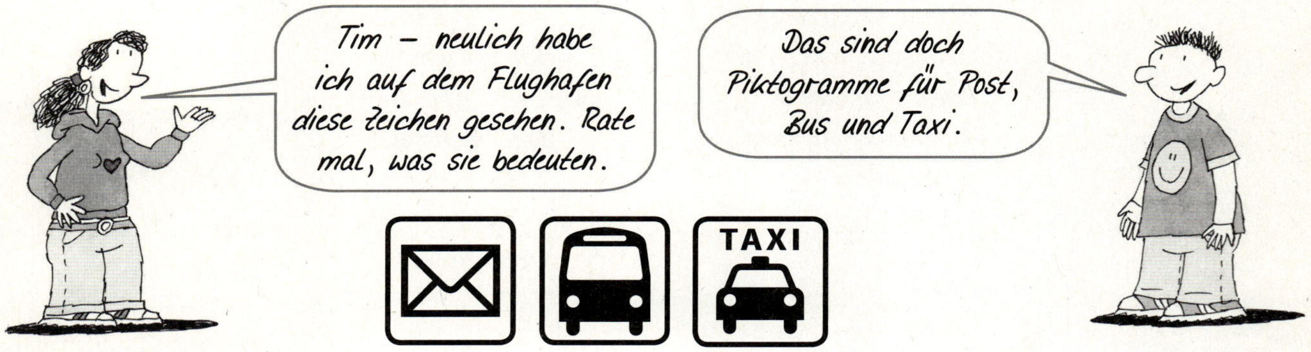

1

Mit Zeichen kann man sich leicht verständigen. Mit welchen Zeichen könntest du auf folgende Dinge hinweisen? Zeichne sie in die Kästchen.

Fluss | Flughafen | Tunnel | Autobahn | Stadt

2

Schau in der Atlaseinführung auf Seite neun nach, welche Signaturen – das ist der Fachbegriff für Kartenzeichen – dort verwendet werden. Übertrage sie in die Kästchen.

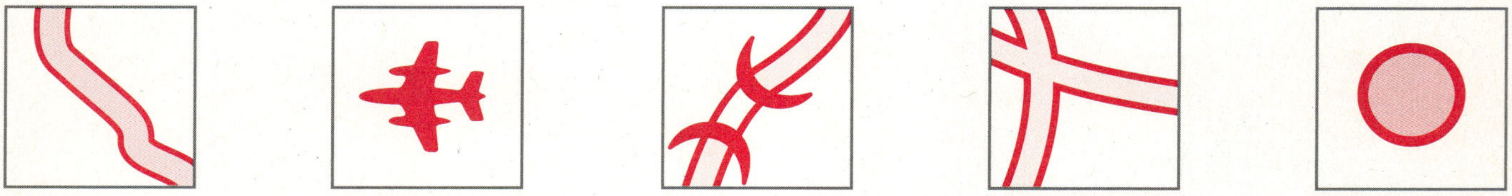

Fluss | Flughafen | Tunnel | Autobahn | Stadt

3

Im Atlas hat man sich auf bestimmte Signaturen geeinigt. So können verschiedene Menschen an verschiedenen Orten die Karten in gleicher Weise lesen. Um das zu erleichtern, gibt es die Legende. Das ist die Zeichenerklärung. Was bedeuten folgende Signaturen auf der Atlaskarte S. 142 – 143?

Zuckerrüben	Erdnüsse	Kokospalmen
Tabak	Bananen	Soja

4

Nicht alle Signaturen sind auf der gleichen Kartenseite erklärt. Wo findet man die Legende für die Atlaskarte S. 138 – 139? in der Generallegende auf der vorderen Klappe des Atlas

1

Die Höhe eines Gebietes wird in Atlaskarten durch farbige Höhenschichten dargestellt. Mit welcher Farbe werden auf der Atlaskarte S. 126 – 127 die Kaspische Senke (FG 5) und das Tarimbecken (IJ 6) dargestellt? Benutze die Generallegende zur Erklärung.

a) Kaspische Senke: [dunkelgrüne Fläche] Erklärung: liegt unter 0 m bzw. unter dem Meeresspiegel

b) Tarimbecken: [orange Fläche] Erklärung: liegt 1 000 – 2 000 m über dem Meeresspiegel

2

Etwas schwieriger sind die Signaturen für Landschaften. Schau mal auf die Atlaskarte S. 128 – 129.

a) Welche Farbe haben dort die Kaspische Senke und das Tarimbecken? Signatur: [beige Fläche]

b) Was bedeutet diese Signatur nach der Generallegende?
Halbwüste und Wüste

3

In der Karte unten sind zwei Inseln eingezeichnet. Nimm die Generallegende und vervollständige entweder die Karte oder die Legende.

a) Trage die richtigen Signaturen in die Legende ein.
b) Zeichne eine Hauptverkehrsstraße von Landa nach Zimba und nach Karo ein.
c) Zeichne eine sinnvolle Fährverbindung zwischen beiden Inseln ein.

Legende

Orte
- ⊙ Orte mit 100 000 bis 500 000 Einwohnern
- ○ Orte mit unter 100 000 Einwohnern

Verkehrswege
- Hauptverkehrsstraße
- Flughafen
- Fährverbindung
- Fluss

Landschaftsübersichten
- tropischer Regenwald
- Feuchtsavanne
- Kulturland

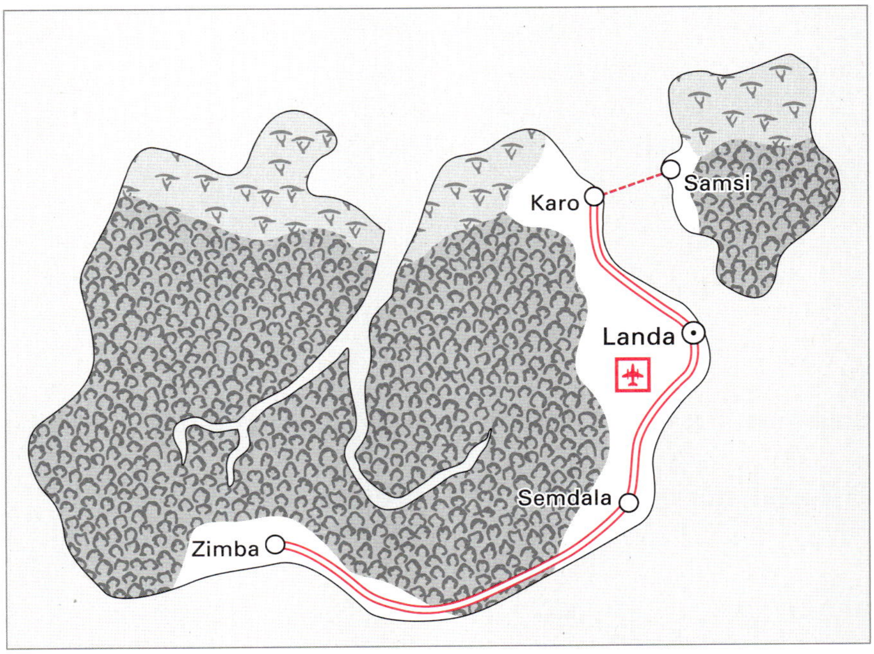

Wie groß und wie weit ist es? Der Maßstab

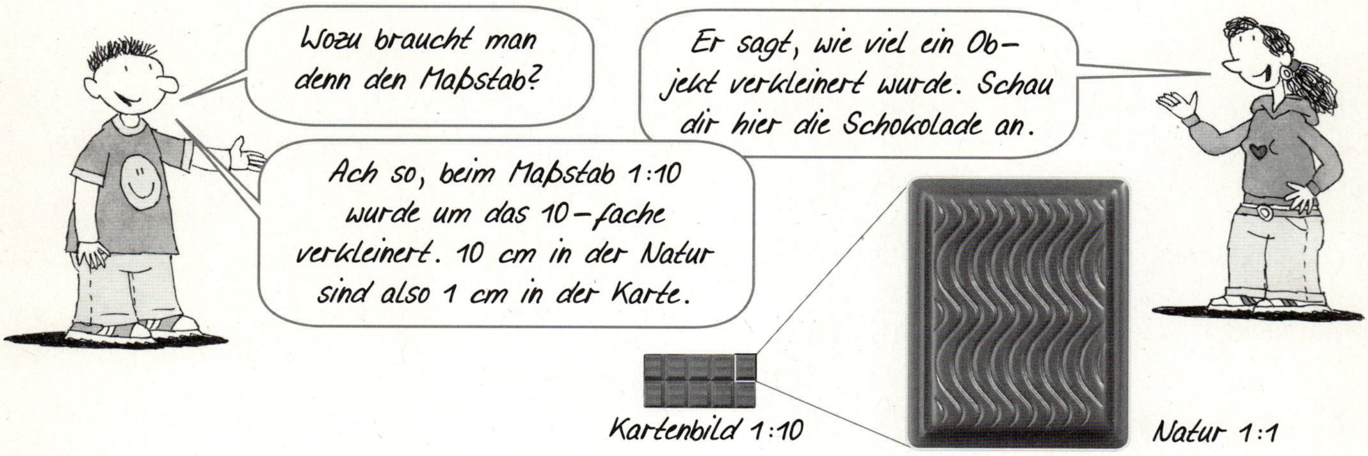

Der Maßstab wird in zwei Formen angegeben: als Maßstabsleiste oder mit einer Maßstabszahl.

1

Schau auf die Atlaskarte S. 44.4.

a) Welcher Maßstab ist dort angegeben? 1:100 000

b) Miss in der Maßstabsleiste einen Zentimeter ab. Wie viel Kilometer sind das? 1 km

c) Und wie viel Zentimeter hat ein Kilometer in der Natur? 100 000 cm

d) Wie stark ist also die Verkleinerung? 1: 100 000

2

Lies andere Entfernungen auf dieser Karte ab:

a) Linke Karte um 1938: Bahnhof Fallersleben – Bahnhof Heßlingen: 5 cm Karte = 5 km Natur

b) Rechte Karte 2006: Front des VW-Werks am Mittellandkanal: 1,4 cm Karte = 1,4 km Natur

c) Rechte Karte 2006: Rathaus Wolfsburg – Schloss Alt Wolfsburg: 2,2 cm Karte = 2,2 km Natur

Bei großen Entfernungen kann man schlecht mit der Maßstabsleiste arbeiten, weil sie zu kurz ist. Dann hilft ein Trick: Da die Maßstabszahl im Atlas in Zentimeter angegeben wird und 100 000 cm einen Kilometer ausmachen, brauchst du nur fünf Nullen weg zu streichen und schon hast du den Multiplikator für die Entfernung in Kilometern.

30 0~~00~~ ~~000~~ cm
→ 300 km

3

Bestimme folgende Entfernungen auf den Atlaskarten S. 176 und 180–181:

a) Washington – Quebec
1:30 000 000 — 3,3 cm x 300 = 990 km
1:15 000 000 — 6,6 cm x 150 = 990 km

b) New York – Philadelphia
1:30 000 000 — 0,5 cm x 300 = 150 km
1:15 000 000 — 1,0 cm x 150 = 150 km

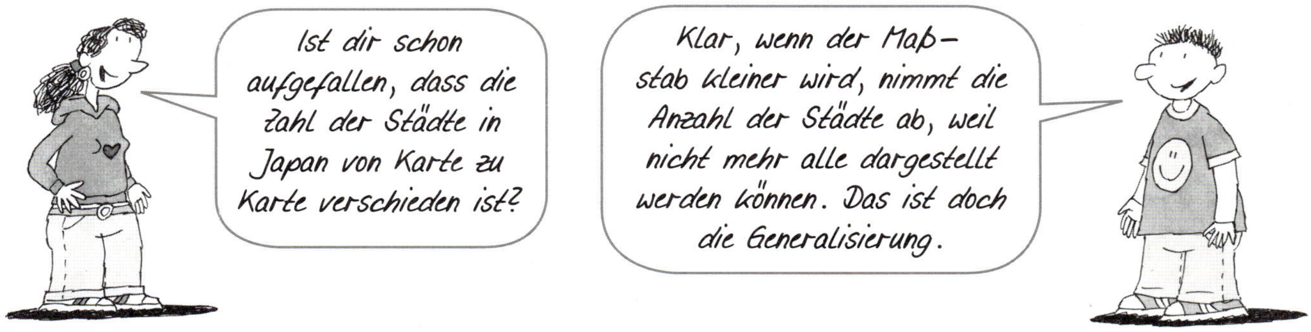

1

Schau dir die Atlaskarten von Japan an und ergänze die Tabelle.

Atlaskarte	Anzahl der Ortschaften in Japan mit über 100 000 Einwohnern	Maßstab
S. 127	14	1: 30 000 000
S. 131	39	1: 20 000 000
S. 144	84	1: 8 000 000
in Natur	263	1:1

2

Auf der Atlaskarte S. 145.1 ist die Wirtschaft von Tokyo/Yokohama dargestellt. Schreibe die sieben wichtigen Wirtschaftszweige heraus. Maschinenbau; Fahrzeugbau; Elektronik; Eisenverhüttung, Stahlerzeugung; Chemie, Kunststoffe; Raffinerien; Dienstleistungen (Finanzen, Handel, Forschung, Behörden)

3

Im Maßstab 1:750 000 auf der Atlaskarte S. 146.1 wird die Wirtschaft auch dargestellt – nur viel genauer. Was ist anders geworden? Es gibt mehr Signaturen an den einzelnen Standorten, es musste nicht mehr so stark generalisiert werden.

4

Auf der Atlaskarte S. 16 ist die Autobahn 0,5 mm breit ebenso wie auf der Atlaskarte S. 74 – 75. Wie breit müsste sie damit in Wirklichkeit sein?
Auf der Atlaskarte S. 16 bei einem Maßstab 1:3 000 000 1500 m und auf der Atlaskarte S. 74 – 75 bei einem Maßstab 1:5 000 000 2 500 m.

5

Um zu generalisieren, muss man die Objekte in Gruppen zusammenfassen. Die Grenze dazwischen wird durch Schwellenwerte gebildet. In der Generallegende liegen die Schwellenwerte für Orte bei 100 000, 500 000, 1 000 000 und 5 000 000 Einwohner.

Hier sind die Einwohnerzahlen einiger deutscher Städte. Schreibe dahinter das richtige Kartensymbol.

Stadt	Einwohner (2005)	Symbol
München	1 260 000	■
Köln	983 000	⊙
Hannover	516 000	⊙
Nürnberg	499 000	●
Erlangen	103 000	●
Düren	94 000	○

1

Schau dir einmal Deutschland auf den Atlaskarten S. 208 – 209, S. 126 – 127 und S. 70 – 71 an.

Schreibe den Kartentitel und den Maßstab unter die Ausschnitte.

Kartentitel:	Erde (Landmasse)	Asien	Europa
Maßstab:	1 : 60 000 000	1 : 30 000 000	1 : 15 000 000

2

Hier sind sechs Maßstabsleisten mit einer Länge von genau 10 cm zusammengestellt.

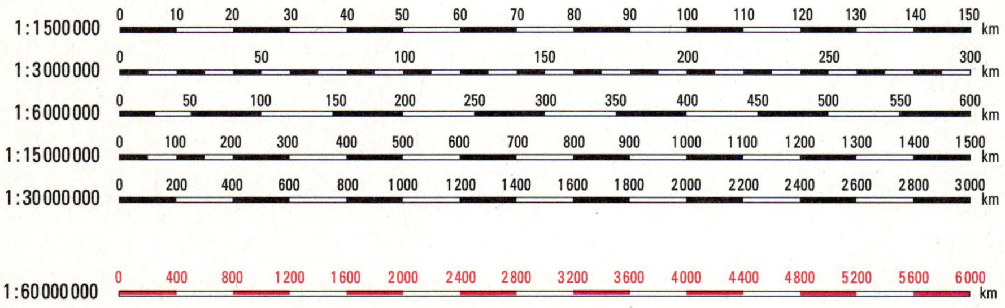

a) Was stellst du fest, wenn du die Maßstäbe vergleichst?
Die Maßstäbe stehen in einem bestimmten Verhältnis zueinander: Oft werden sie verdoppelt, um die Karten besser vergleichen zu können.

b) Beschrifte die Maßstabsleiste für den Maßstab 1 : 60 000 000.

3

Ist Deutschland im Maßstab 1 : 60 000 000 nun größer oder kleiner dargestellt als im Maßstab 1 : 30 000 000? kleiner

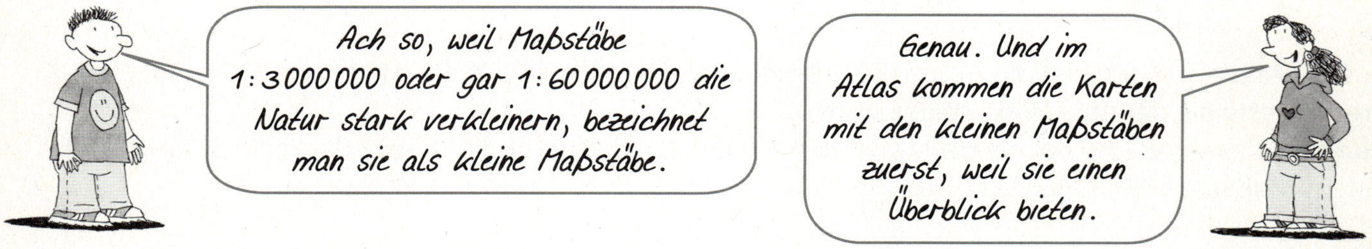

4

Schlage die Atlaskarten zu Südamerika S. 194 – 200 auf.

a) Schreibe auf, welche Karteninhalte und Kartenmaßstäbe nacheinander vorkommen.

b) Prüfe an den Atlaskarten von Afrika S. 160 – 167, ob die Abfolge dort ähnlich ist.
ja

Atlaskarte	Kartenmaßstab	Karteninhalt
S. 194	1 : 30 000 000	Südamerika Physische Übersicht
S. 195	1 : 30 000 000	Südamerika Landschaftsübersicht
S. 196 – 197	1 : 15 000 000	Südamerika (Nordteil) Physisch
S. 198	1 : 15 000 000	Südamerika (Südteil) Physisch
S. 199	1 : 30 000 000	Südamerika Wirtschaft
S. 200	1 : 15 000 000 1 : 400 000 1 : 50 000 1 : 12 500	Mittel- und Südamerika Landwirtschaft

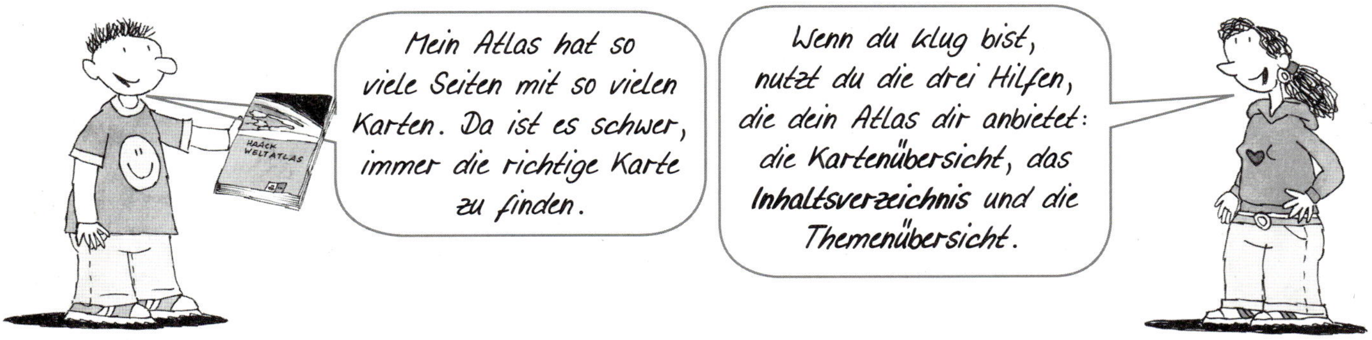

1

Das Inhaltsverzeichnis steht auf Seite zwei bis vier.

a) Finde die Karte zur physischen Übersicht der Alpenländer. S. 76–77

b) Wo gibt es Karten zum Klima in Deutschland? S. 26 und 27

c) Was stellt die Atlaskarte S. 128–129 dar? Asien: Landschaftsübersicht

2

Die Kartenübersicht ist vorne im Deckel.

a) Auf welcher Atlaskarte sind Süd- und Ostasien dargestellt? S. 138–139

b) Was wird auf der Atlaskarte S. 144.1 behandelt? Japan

c) Wo gibt es Atlaskarten zur Bevölkerung Chinas? S. 141

3

Die Themenübersicht folgt auf Seite fünf bis sieben. Sie hilft besonders, wenn du Beispielkarten suchst.

a) Welche Beispielkarten sind im Atlas vorhanden, um mehr über die Wirtschaft in Südamerika zu erfahren? S. 199, 202.1, 202.2

b) Wo steht die Karte zur Bevölkerungsverteilung in Japan? S. 144.3

c) Wo gibt es eine Karte über die Geschichte der Einwanderung in den USA? S. 192.3 und 192.4

4

Nun probiere die drei Verzeichnisse selber aus. Suche die Atlaskarten, die dir bei folgenden Themen oder Fragen helfen:

	Kartenübersicht	Inhaltsverzeichnis	Themenübersicht
a) Natürlicher Rheinverlauf um 1820	Rhein bei Rheinhausen S. 35	S. 35.1	S. 35.1
b) Wirtschaftsraum England und Wales	S. 112	S. 112.1	S. 112.1
b) Krisenregion Naher Osten 1923–2006	S. 159	S. 159.1	S. 159.1
d) Flughafen Frankfurt am Main	S. 63	63.6	63.6
e) Physische Übersicht über Japan und Korea	S. 144	144.1	144.1

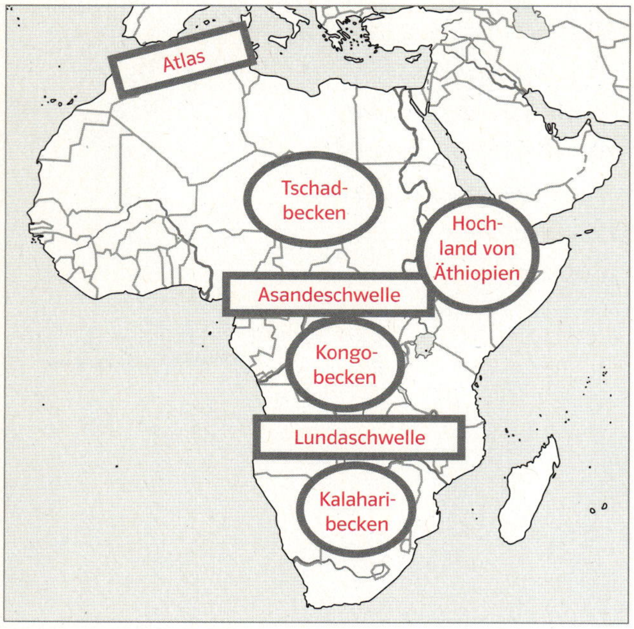

Auf der Atlaskarte S. 160 findest du die physische Übersicht von Afrika.

1

Beschrifte in der Umrisskarte links
- das Gebirge,
- das Hochland,
- die zwei Schwellen und
- die drei Becken.

2

Kreuze an, was alles auf der physischen Übersicht von Afrika (Atlaskarte S. 160) und was alles auf der Landschaftsübersicht von Afrika (Atlaskarte S. 161) dargestellt ist:

Signatur	Physische Übersicht	Landschaftsübersicht
Orte mit Ortsnamen	☒	☒
Grenzen	☒	☒
Küsten, Flüsse und Seen	☒	☒
Höhenschichten	☒	☐
Landschaften	☐	☒

3

In Botsuana im Süden von Afrika steht in der einen Karte „Kalaharibecken", in der anderen nur „Kalahari", und im Westen von Ägypten einmal „Libysches Becken", das andere Mal „Libysche Wüste". Was ist der Unterschied? Kreuze an.

	Höhenlage (Form der Erdoberfläche)	Landschaft (Vegetation)
Kalaharibecken	☒	☐
Kalahari	☐	☒
Libysches Becken	☒	☐
Libysche Wüste	☐	☒

4

Male in der Umrisskarte von Afrika rechts drei Landschaften farbig an und ergänze die Legende:

1 dunkelgrün: Tropischer Regenwald
2 hellgrün: Feuchtsavanne
3 gelb: Halbwüste und Wüste

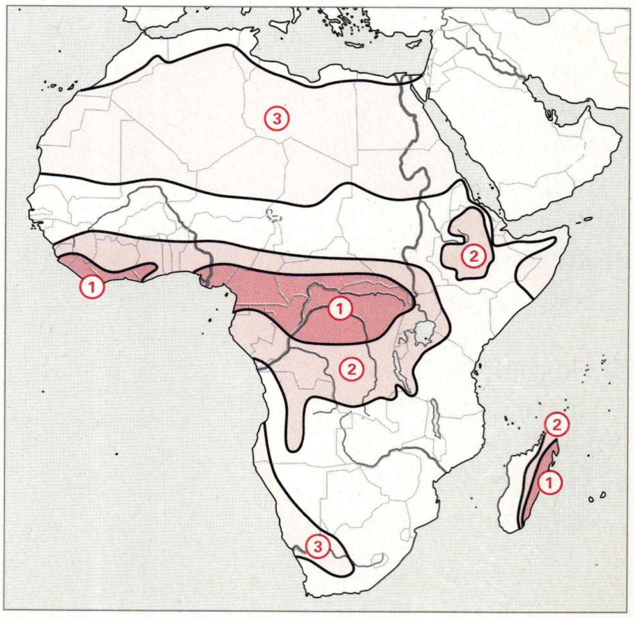

Übersichtskarten dienen der ersten Orientierung und der Einordnung von Ergebnissen. Die vertiefte geographische Arbeit erfolgt mit Beispielkarten. Sie zeigen ein spezielles Thema im Detail.

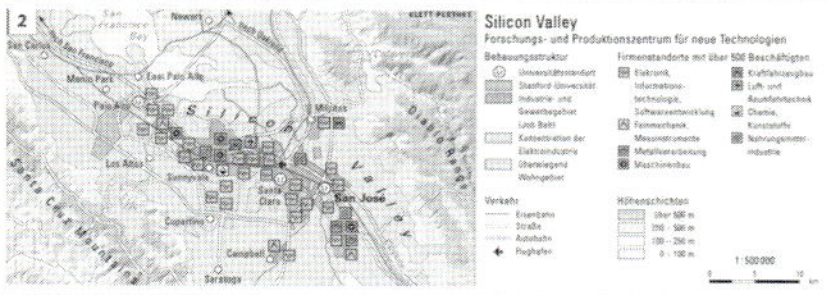

1 : 500 000

Silicon Valley

→

1 : 10 000 000

Wirtschaftsraum Kalifornien

→

1 : 27 500 000

Nordamerika Wirtschaft

1

Die Beispielkarten haben sehr unterschiedliche Maßstäbe und damit eine unterschiedliche Generalisierung. Das zeigen drei Atlaskarten S. 188 – 189 zum Wirtschaftsraum Kalifornien.

a) Informiere dich auf der Atlaskarte S. 188.2 über die Industrie im Silicon Valley. Welche Industrie ist dort führend? Elektronik, Informationstechnologie, Softwareentwicklung

b) Auf der Atlaskarte S. 189.5 ist der Wirtschaftsraum Kalifornien abgebildet. Vergleiche dort das Wirtschaftszentrum San Francisco mit Los Angeles. Notiere die wichtigsten Industrien.
In San Francisco sind folgende Industrien wichtig: Maschinenbau; Elektrotechnik, Elektronik, Software
In Los Angeles sind folgende Industrien wichtig: Maschinenbau; Luft- und Raumfahrttechnik; Elektrotechnik, Elektronik, Software

c) Vergleiche auf der Atlaskarte S. 188.1 den Wirtschaftsraum Kalifornien mit den anderen großen Wirtschaftsräumen der USA. Notiere die wichtigsten Industrien.
Wirtschaftsraum Manufacturing Belt: Eisenverhüttung, Stahlerzeugung; Maschinenbau; Kraftfahrzeugbau; Elektrotechnik, Elektronik, Software
Wirtschaftsraum Südliche Appalachen: Eisenverhüttung, Stahlerzeugung; Maschinenbau; Luft- und Raumfahrttechnik; Textilien
Wirtschaftsraum Texas/Golfküste: Elektrotechnik, Elektronik, Software; Chemie, Kunststoffe; Erdöl; Erdgas; Erdölraffinerie
Wirtschaftsraum Nordwesten: Elektrotechnik, Elektronik, Software; Luft- und Raumfahrttechnik; Erdölraffinerie; Sägewerk, Holzbearbeitung
Wirtschaftsraum Kalifornien: Maschinenbau; Elektrotechnik, Elektronik, Software; Luft- und Raumfahrttechnik; Erdölraffinerie

2

Beispiel und Übersicht ergänzen sich. Sie gehören zusammen. Wiederhole die Arbeit mit Beispielkarten an den Atlaskarten S. 185. 3 und 186 – 187.

Das Höhenprofil

In der Generallegende gibt es für jede Höhenschicht eine eigene Farbe: Zur Höhe hin wird die Farbe immer dunkler. Um sich die Form der Erdoberfläche noch besser vorzustellen zu können, hilft ein Höhenprofil.

1

Hier sind drei Höhenprofile für Mountainbiker, um zum Ziel in 500 m Höhe zu kommen. Markiere, welche Strecke du am liebsten fahren würdest [+] und welche gar nicht [-].

☐ ☐ ☐

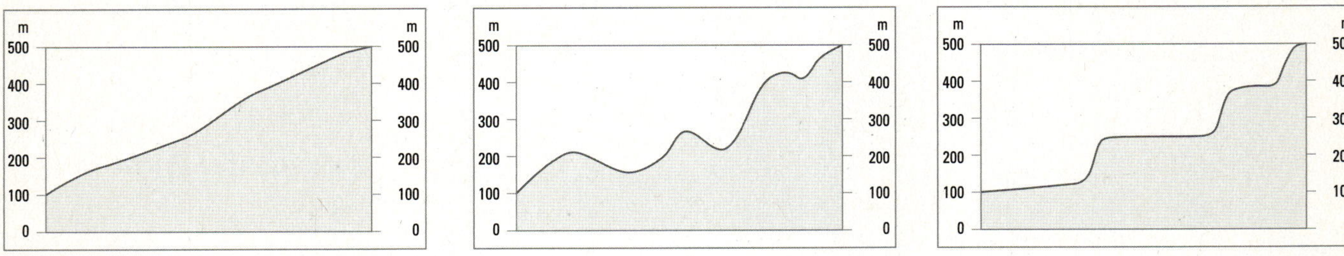

2

In der Atlaseinführung auf Seite zehn wird das Zeichnen eines Höhenprofils vorgemacht. Unten auf der x-Achse ist die Entfernung abgetragen, links und rechts auf der y-Achse die Höhe. Angenommen, du fährst mit dem Mountainbike in zwei Tagen von Rothenburg o.T. zum Watzmann. Beschreibe den Weg entlang der Profillinie. Zunächst fährt man in einer Höhe von 300 – 500 m bis zu dem Anstieg auf die Fränkische Alb mit fast 650 m. Dann geht es zur Donau leicht hinab. Zwischen Donau und Amper und Isar und Inn steigt das Gelände über 500 m an. Südlich des Chiemsees beginnen die Alpen mit ihren Bergkämmen und Bergspitzen, die fast bis 3 000 m hoch reichen.

3

Zeichne selber nach der Atlaskarte S. 169.6 ein Höhenprofil für die Besteigung des Kilimandscharo, des höchsten Berges von Afrika. Die Strecke führt von der Bahnstation Moshi im Süden über Umbwe zum Uhuru Peak. Für Auf- und Abstieg braucht man etwa eine Woche.

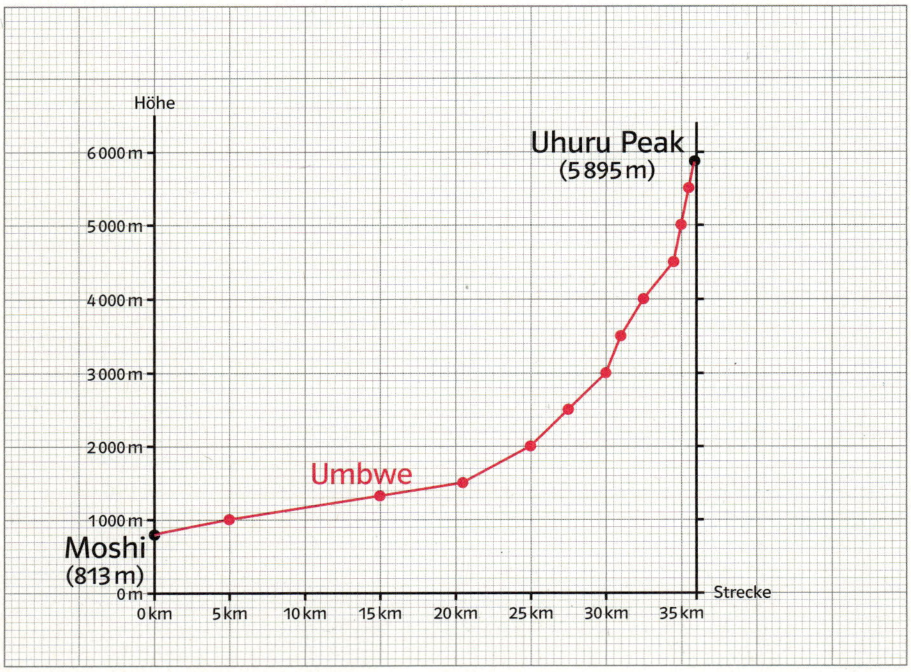

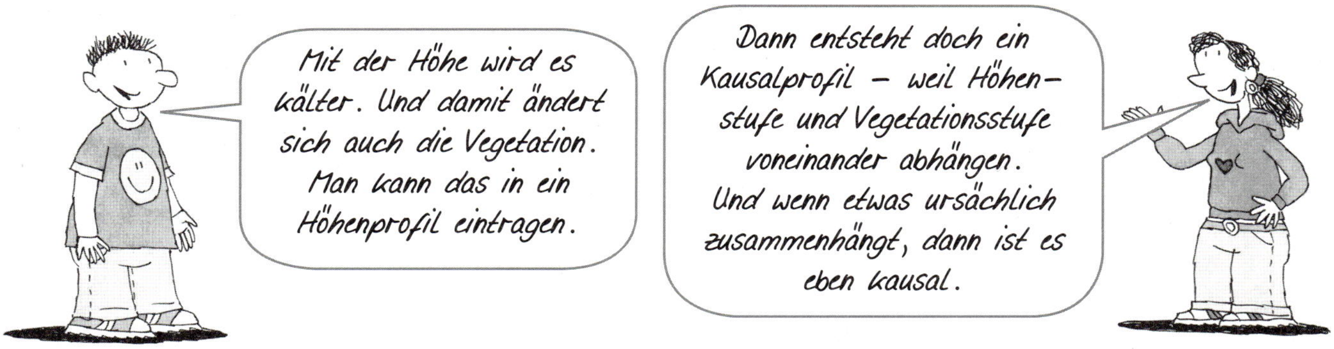

1

Ein schönes Beispiel zeigt die Atlaskarte S. 201.5.

a) Welcher Zusammenhang ist hier dargestellt? Anbau verschiedener Kulturpflanzen in unterschiedlichen Höhenlagen

b) Bis zu welchen Durchschnittstemperaturen wachsen Bananen und Zuckerrohr? bis 18 °C

c) Warum gedeihen Gerste und Kartoffeln vor allem im tropischen Nebelwald?
Weil die Temperaturen dort gemäßigt sind.

d) Wo auf der Atlaskarte S. 200.2 könnte dieses Kausalprofil liegen? bei Quito in Ecuador

2

Ein anderes Kausalprofil findet sich auf der Atlaskarte S. 144.2. Was wird hier dargestellt?
Raumnutzung Japans (Bebauung, Bodennutzung, Schutz- und Planierungsmaßnahmen) in abhängigkeit der Höhenlage

3

Nach der Atlaskarte S. 150.1 hängen auch Winde und Niederschläge mit der Höhe zusammen. Erläutere den Steigungsregen. Die aufsteigende Luft kühlt sich ab. Aus den Wolken beginnt es zu regnen.

4

Hier ist ein Höhenprofil vom Rhein bis zum Schwarzwald östlich von Straßburg gezeichnet. Trage mit Hilfe der Atlaskarte S. 36 die landwirtschaftliche Nutzung ein. Du erhältst ein Kausalprofil.

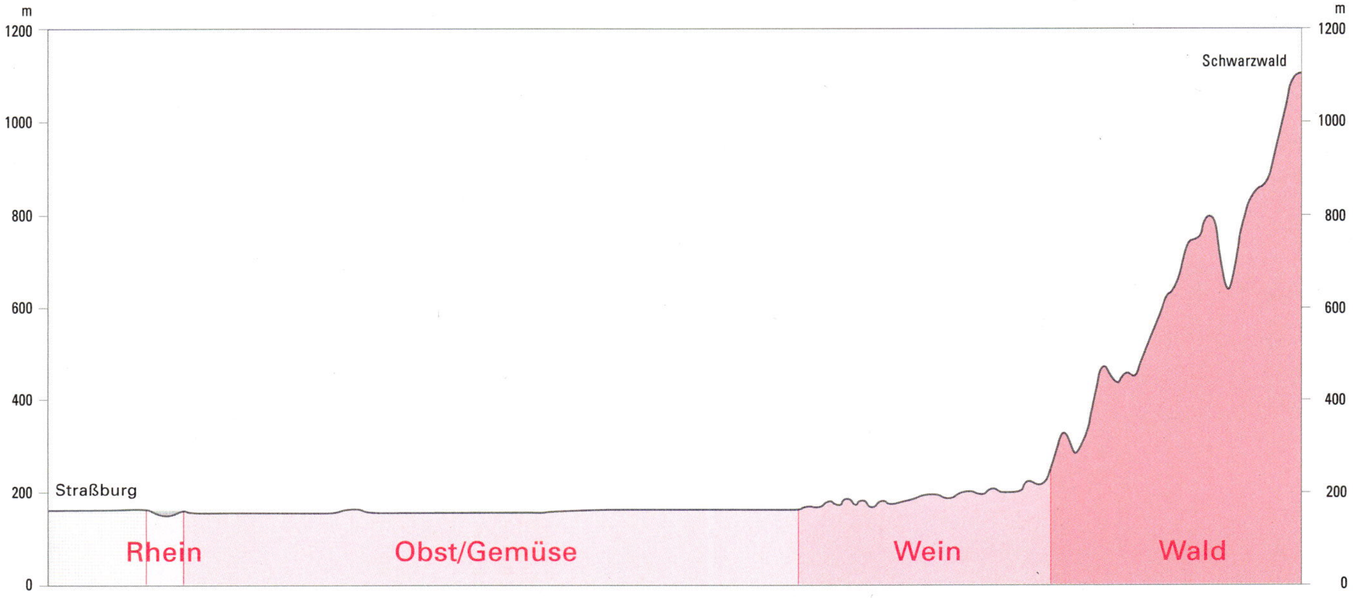

Diagramme zum Klima

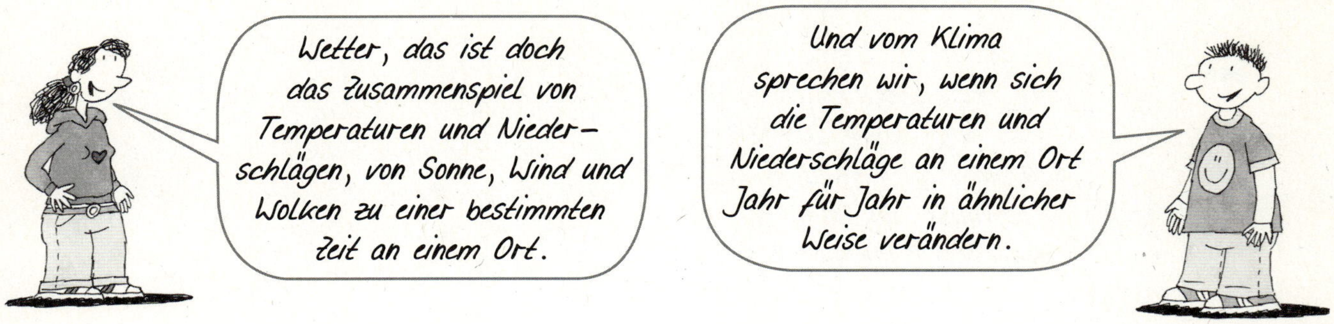

1

Welche Tabelle mit Temperatur- und Niederschlagsdaten von Bilma (Niger) kennzeichnet das Wetter und welche das Klima? Kreuze an.

[X] Wetterdaten [ ] Klimadaten

Tageswerte 2008	Temperatur in °C	Niederschlag in mm
1. Februar	17,0	0
2. Februar	17,3	0
3. Februar	18,3	0
4. Februar	19,1	0
5. Februar	22,9	0
6. Februar	19,0	0
7. Februar	17,7	0
8. Februar	17,7	0
9. Februar	17,3	0
10. Februar	18,6	0

Quelle: Deutscher Wetterdienst

[ ] Wetterdaten [X] Klimadaten

Langjährige Mittelwerte	Temperatur in °C	Niederschlag in mm
Januar	17,0	1
Februar	18,9	0
März	23,9	0
April	28,8	1
Mai	32,1	1
Juni	33,2	1
Juli	33,4	3
August	32,8	10
September	31,4	5
Oktober	27,3	2
November	23,2	0
Dezember	17,6	0
Jahr	26,6	22

2

Auf der Atlaskarte S. 26.3 wird erklärt, wie man mit den Klimadaten ein Klimadiagramm erstellt. Welche Vorteile hat ein Klimadiagramm gegenüber einer Klimatabelle?

Es lässt sich leichter ablesen und besser mit anderen Klimadiagrammen vergleichen.

3

Zeichne nach diesem Vorbild ein Klimadiagramm für Bilma.

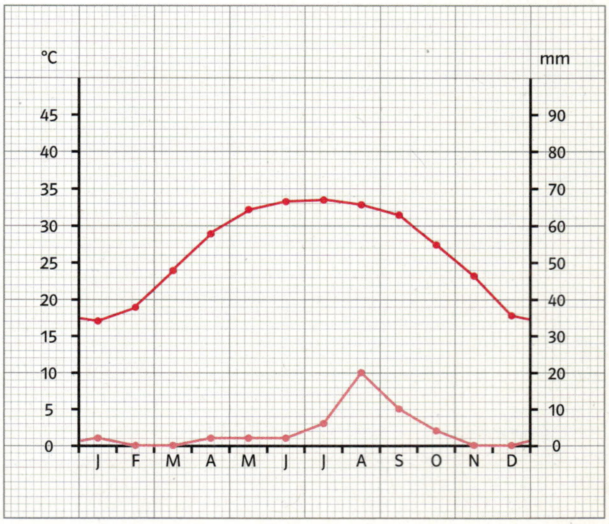

4

Zu welcher Klimazone gehört die Station Bilma nach der Atlaskarte S. 218–219?

zur Tropischen Zone mit extrem trockenen Wüstenklima

1

In der Atlaseinführung Seite dreizehn sind sechs unterschiedliche Typen von Diagrammen dargestellt. Suche für jeden Diagrammtyp je zwei Beispiele im Atlas.

Säulendiagramm

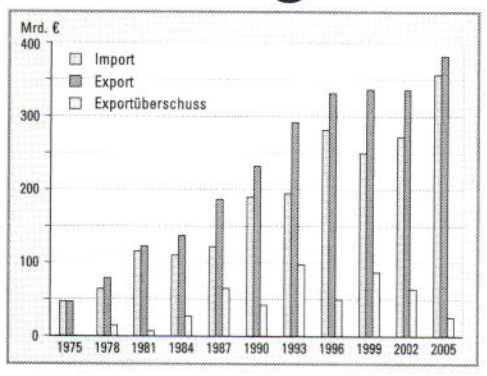

Atlaskarte Seite
z. B.
27.6
140.2

Einfaches Balkendiagramm

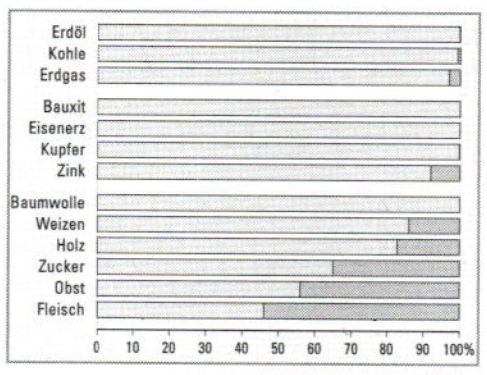

Atlaskarte Seite
z. B.
89.5
103.6

Paar-Balkendiagrammm

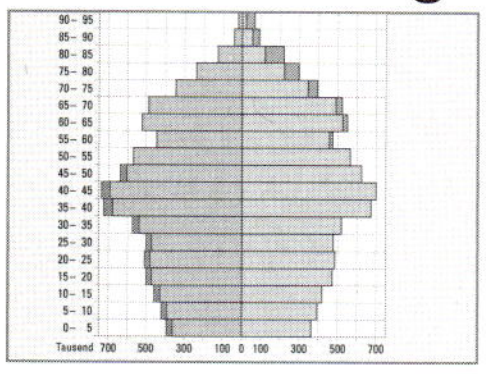

Atlaskarte Seite
z. B.
66.5
141.2

Kurven- oder Liniendiagramm

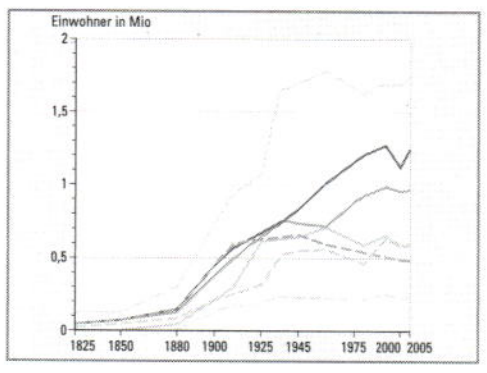

Atlaskarte Seite
z. B.
31.2
43.3

Kreisdiagramm

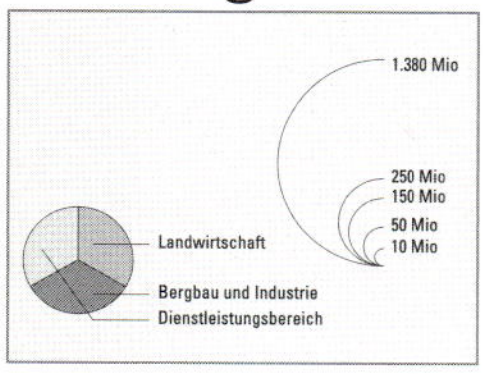

Atlaskarte Seite
z. B.
38.3
51.2

Abzähldiagramm

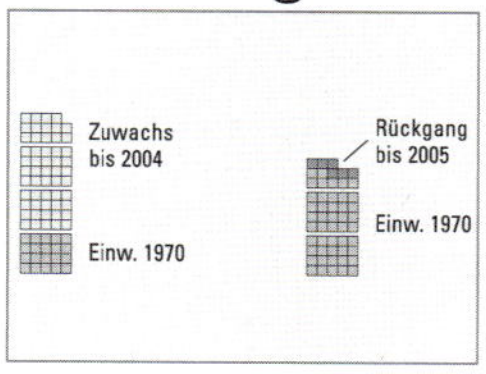

Atlaskarte Seite
z. B.
65.6
190.1

2

Das Klimadiagramm ist in der Tabelle nicht dabei, weil es ein Säulendiagramm mit einem Kurvendiagramm kombiniert. Auf welcher Atlasseite gibt es noch andere Kombinationen von Diagrammen?

z. B. S. 29.4

3

Häufig werden Diagramme auch in Karten einbezogen. Nenne dafür fünf Beispiele.

z. B. Atlaskarte S. 35.2, S. 51.2, S: 56.1, S. 62.4, S. 65.6, ...

4

Um die Handelsnation Japan darzustellen, sind auf der Atlaskarte S. 145.2 unterschiedliche Diagramme verwendet worden. Um welche Information geht es und um welchen Diagrammtyp? Fülle die Tabelle aus.

Diagrammtyp	Information zum Thema
Kreisdiagramm	Wirtschaftszentren
Abzähldiagramm	Importe aus / Exporte nach
Säulendiagramm	Entwicklung des jap. Außenhandels
Einf. Balkendiagramm	Rohstoffabhängigkeit der jap. Wirtschaft

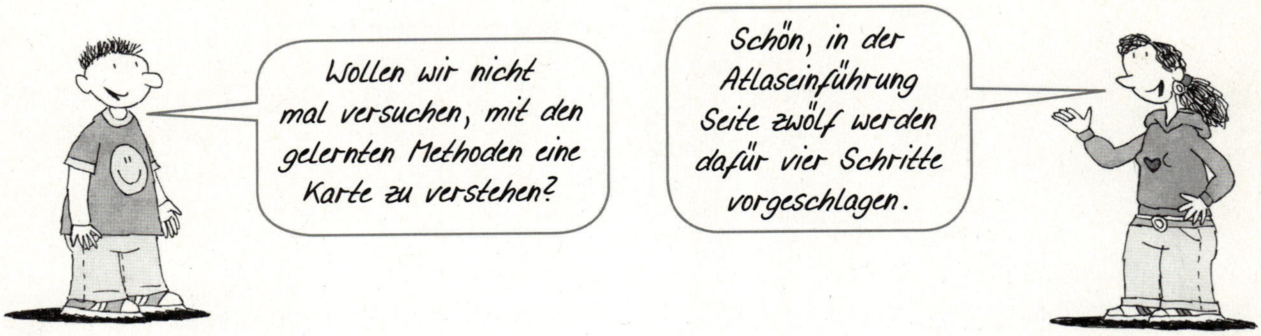

1

Die ersten drei Schritte sind die wichtigsten: Basisinformationen zusammenstellen, Thema analysieren und Informationen verknüpfen. Probiere es an der Karte von der Reichenau aus.

1. Schritt: Basisinformationen zusammenstellen
2. Schritt: Thema analysieren
3. Schritt: Informationen verknüpfen

Und wie ist die Kernaussage am Schluss? Die Insel Reichenau ist ein großes, zusammenhängendes Gemüseanbaugebiet. Der Anbau im Freiland ist zwar umfangreicher, dafür sind die Verkaufserlöse aus Gewächshäusern bedeutender.

2

Übe nun die drei ersten Schritte an der Atlaskarte S. 156.5 „Wasser im Nahen Osten".

1. Schritt: Basisinformationen zusammenstellen:
   Thema: Wasser im Nahen Osten – Niederschlagsgebiete, trockene Gebiete und Bewässerungsland; Raum: Naher Osten; Maßstab: 1 : 8 500 000

2. Schritt: Thema analysieren:
   Information durch die Flächensignatur/Information durch die Zahlen zu den Dürrejahren und Niederschlägen/Information durch die Diagramme

3. Schritt: Informationen verknüpfen:
   geringe Niederschläge/Schwankungen der Niederschläge/Dürren/Zunahme der Bevölkerung und der Großvieheinheiten

Kernaussage am Schluss:
An den Berghängen von Israel über die Türkei bis nach Iran fallen reichlich Niederschläge. Hier werden die Flüsse aufgestaut, um in den Gebieten mit Wassermangel das Bewässerungsland versorgen und sogar erweitern zu können. Wenn sich die Nachbarländer über die Verteilung des knappen Wassers nicht einigen können, drohen Konflikte. (Zusatz: Die Türkei versucht, möglichst viel vom Wasserüberschuss für eigene Bewässerungsprojekte zu nutzen.)

1

Das Lesen und Verstehen von Karten bezeichnet man als Karteninterpretation. Interpretiere die Atlaskarte S. 100–101 über die Landwirtschaft von Spanien – und zwar nur im Gebiet von Murcia (B3) im Südosten an der Mittelmeerküste:

a) Thema/Raum/Maßstab: Landwirtschaft, Spanien, Maßstab 1:10 000 000

b) Informationen durch Signaturen: Anbau von Zitrusfrüchten, Gemüse und Baumwolle

c) Verknüpfung der Informationen: Im Gebiet von Murcia ist der Anbau von Zitrusfrüchten, Gemüse und Baumwolle sehr bedeutend.

2

Auf den Atlaskarten S. 103 kannst du die Ergebnisse vertiefen und zu einer besseren Interpretation der Karte kommen:

a) Was sagt die Karte 103.5 über die Trockenheit an der Mittelmeerküste im Südosten Spaniens aus?
Mit weniger als 400 mm Jahresniederschlag gibt es fast „afrikanische" Verhältnisse.

b) Um in diesem trockenen Gebiet von Spanien Landwirtschaft betreiben zu können, braucht man Wasser, sogar viel Wasser. Man kann also versuchen, mehr Wasser zu beschaffen. Interpretiere die Karte 103.6 rechts oben.
Die aus den Bergen kommenden Flüsse werden aufgestaut. Das verfügbare Wasser wird über Kanäle und Rohrleitungen in der Küstenzone verteilt.

c) Mit dem vorhandenen Wasser kann man aber auch sparsam umgehen. Interpretiere das Modell der Bewässerungsarten 103.8.
Bei Tröpfchenbewässerung wird das Wasser direkt den Pflanzenwurzeln zugeführt, so dass wenig Wasser verschwendet wird und verdunsten kann.

d) Nun verstehst du auch die Karte 103.7 links unten über die Huerta von Murcia besser. Zeichne in das Profil von Cabezo de Torres nach Beniaján die Kulturen und die Bewässerungsarten ein.

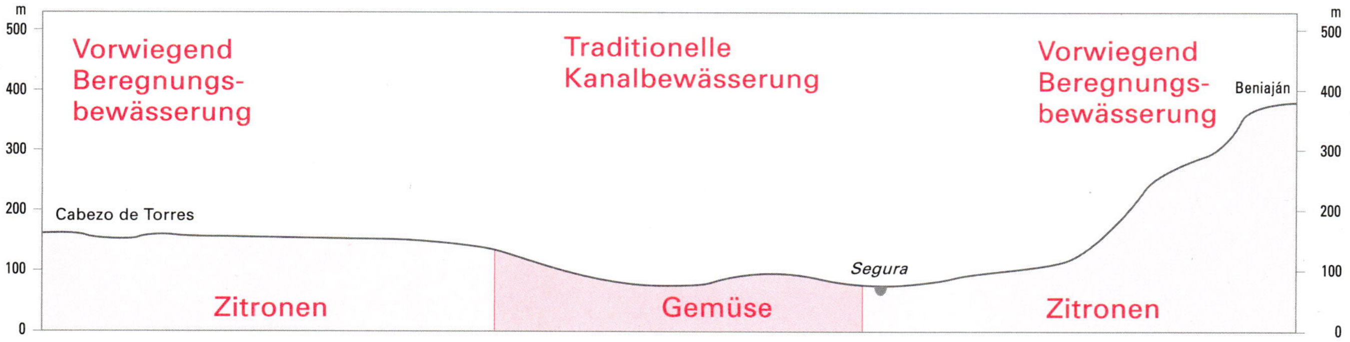

2

Formuliere nun die Kernaussage über die Landwirtschaft im Gebiet von Murcia.
Durch technische Maßnahmen mehr Bewässerungswasser beschaffen und es besser nutzen. (Dennoch ist nicht verhindert worden, dass sich durch unkontrollierte Wasserentnahme der Grundwasserspiegel dramatisch gesenkt hat.)

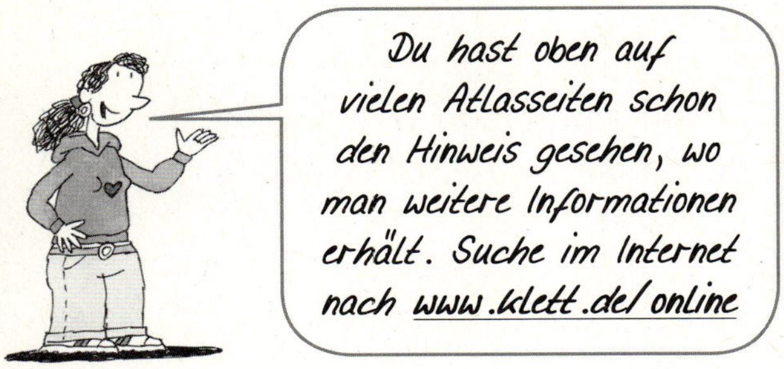

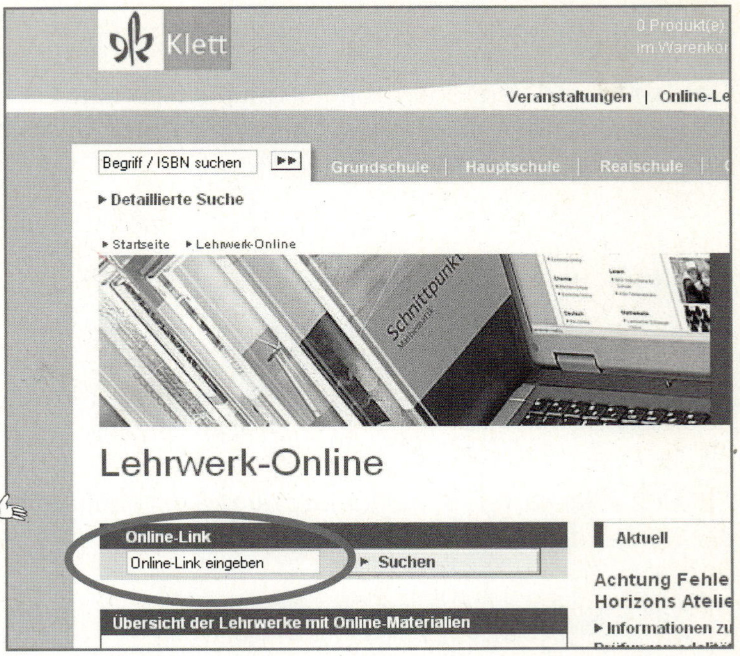

1

Welche Nummer hat der Online-Link auf der Atlaskarte S. 145? 49620x-2130

2

Wenn du die Nummer eingibst, erscheint diese Seite. Klicke jetzt auf die Flagge von Japan – und danach ein zweites Mal, um die Informationen zu „Japan – Landesflagge, Kurzcharakteristik“ aufzurufen.

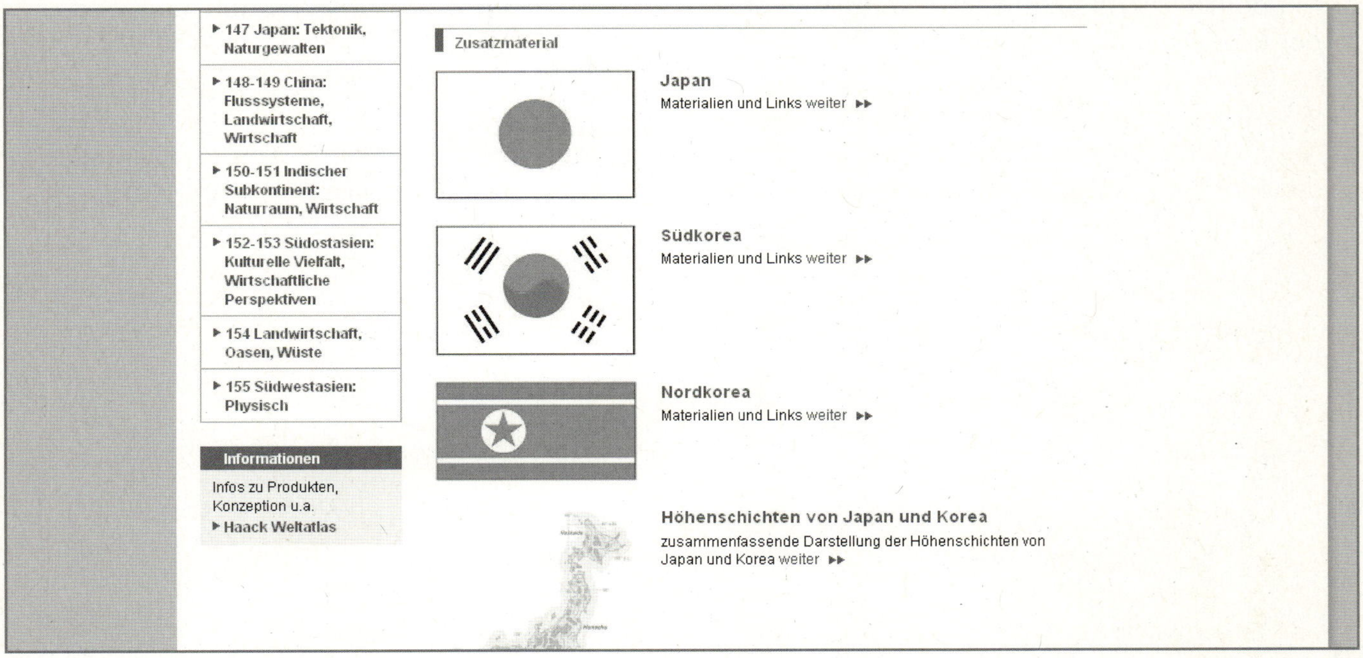

Warum zeigt die japanische Flagge eine rote Scheibe? Kreuze an:

☐ Weil die Sonne am heiligen Berg Fudschijama so rot erscheint.
☒ Weil die japanischen Kaiser ihre Abstammung auf die Sonnengöttin zurückführen.
☐ Weil in Ostasien rot ein Zeichen für Glück ist.

3

Und nun schau dir die Zusatzinformationen zu der Atlaskarte S. 147 an.